LYMFSYSTEMET
för nybörjare

**En lättläst guide till flöde, lätthet och
kroppens dolda kraft**

Del 1 i Lymfserien

Pamela Engström

Omslag och illustrationer: skapade med Canva
Förlag: BoD · Books on Demand, Östermalmstorg 1, 114 42 Stockholm, Sverige, bod@bod.se
Tryck: Libri Plureos GmbH, Friedensallee 273, 22763 Hamburg, Tyskland

ISBN: 978-91-8057-730-4

Förord

Idén till den här lilla boken föddes av ett eget behov och viljan att också kanske kunna hjälpa andra. Jag hade under några år arbetat som postural tränare, där mitt fokus låg på att hjälpa människor med kroppens hållning, funktion och naturliga balans. Jag märkte att vissa klienter inte fick de resultat de förtjänade trots att de tränade, engagerade sig och gjorde "allt rätt". Gemensamt för många av dem var svullnader, diffus värk eller trötthet som inte bara gick att förklara med muskulär obalans. Så jag började leta efter fler svar och hamnade gång på gång i det fascinerande, men ofta förbisedda, lymfsystemet. Jag utbildade mig till lymfmassör och började använda teknikerna i mitt arbete. Parallellt läste jag artiklar, studier och böcker och lyssnade på klienternas upplevelser. Sakta började pusselbitarna falla på plats. Jag såg hur människor började få snabbare och mer hållbara resultat, men inte för att de tränade hårdare, utan för att kroppen plötsligt fick rätt förutsättningar. När cirkulationen ökar aktiverar muskler bättre och stramande bindväv släpper.

Min egen resa har också spelat en stor roll. Efter en nackskada och många år med långvarig smärta växte ett djupt intresse fram för människokroppens anatomi och för de verkliga orsakerna bakom värk, trötthet och stagnation. Jag började förstå hur kroppens cirkulation ofta är nyckeln till läkning och hur mycket som förändras när vi börjar arbeta med vår cirkulation. Jag är inte läkare. Jag är inte legitimerad. Det jag delar här bygger på erfarenhet, observationer, samtal, forskning och egen utforskning både i mitt yrke och i min egen kropp. Och kanske kan min röst kanske på grund av det vara viktig? För att jag ser det från insidan av vardagen, från möten med människor som känner att de testat allt, som berättar om sina erfarenheter och upplevelser och som ibland efter bara en lymfmassage eller ett lymfyogapass känner att kroppen känns bättre.

Jag ville skapa en liten och enkel bok som inte kräver förkunskap, prestation eller perfektion. Kanske en första, liten, verktygslåda av konkreta tips men också ett förändrat sätt att tänka kring välmående. Både utifrån och inifrån.

Det här är en bok för dig som vill hitta dina egna verktyg till hållbar hälsa. I kroppen. I tanken. I livet.

Varmt välkommen
Pamela

Inledning

Har du någonsin undrat varför du känner dig tung i kroppen, trots att du "gör allt rätt"? Eller varför svullnad, trötthet eller värk kommer och går utan tydlig förklaring? Då är du inte ensam. Många av oss har lärt oss om muskler, leder och hjärta men vi talar inte lika mycket om just lymfsystemet.

Du behöver inte ha några förkunskaper eller följa ett strikt program. Det här är en enkel guide med exempel, reflektioner och tips som du kan prova direkt i din vardag. Lymfsystemet påverkar mer än vi tror – inte bara svullnader och immunförsvar, utan också våra energinivåer, återhämtningen och känslan av mental närvaro.

Jag hoppas kunna ge dig:

• Grundläggande förståelse för hur lymfsystemet fungerar

• Hjälp att känna igen tecken på att flödet i lymfsystemet är trögt

• Enkla, konkreta saker du kan börja med direkt – utan att det tar tid eller kräver något särskilt

Innehållsförteckning

DEL I.

Lymfsystemet – din dolda super- kraft

En introduktion till kroppens tysta hjälte. Det finns system i kroppen som får uppmärksamhet. Hjärtat slår, lungorna andas, magen kurrar. Vi känner dem, hör dem, pratar om dem. Men så finns det ett annat system. Ett som inte märks, inte låter, inte syns. Det bara finns där och arbetar! Lymfsystemet.

Många vuxna har ingen aning om att de bär på ett omfattande nätverk av kärl och noder som fungerar som kroppens renhållningssystem, vätskebalansvakt och immunövervakare – allt i ett. Men när vi väl börjar förstå hur lymfsystemet fungerar, förändras något. Vi inser att trötthet, svullnad, låg energi, stelhet eller hjärndimma inte alltid är "bara stress" eller "normal ålder". Det kan handla om ett system i kroppen som inte flödar som det ska. Och det bästa av allt? Det är ett system vi kan påverka med enkla, naturliga medel. Den här första delen av boken guidar dig in i lymfans värld. Vad lymfsystemet är, hur det fungerar, och hur det påverkar din vardag. Du kommer att få vardagsnära exempel och insikter som förhoppningsvis gör det här osynliga systemet både begripligt och intressant.

1.

Vad är lymfsystemet egentligen?

Tänk dig att din kropp är som en stor stad. Blodet är som motorvägen som kör ut syre och näring till olika stadsdelar. Men precis som varje stad producerar avfall, gör även kroppen det. Så... vem tar hand om soporna? Här kliver lymfsystemet in. Kroppens tysta städfirma. Lymfsystemet är ett nätverk av fina kärl, lymfnoder (tänk små kontrollstationer) med en vätska som kallas lymfa eller lymfvätska. Den här vätskan flyter långsamt genom kroppen och samlar upp överbliven vätska, gamla celler, bakterier, inflammationsrester och annat som kroppen inte längre vill ha. Lymfvätskan transporteras sedan till olika "filterstationer", där skräpet sorteras och tas om hand. Det är lite som att ha ett inre reningsverk, ett immunförsvar och en vätskereglerare i ett och samma system. Det här systemet jobbar dygnet runt nästan utan att vi märker det.

Så fungerar lymfsystemet – och varför det är beroende av dig

Till skillnad från blodomloppet, som har hjärtat som pump, är lymfsystemet helt beroende av oss för att röra sig. Det har inga motorer. I stället flyttas lymfvätskan fram av våra rörelser, vår andning och till och med vår avslappning. När vi promenerar, andas djupt eller sträcker på oss, hjälper vi systemet att flöda. Men när vi sitter still länge, håller andan eller spänner kroppen av stress stannar det lätt upp.

13

Lymfsystemet är kroppens inre städpatrull och skyddsnät. Det hjälper bland annat till med:

- Rening. Föra bort avfall och slaggprodukter. Filtrera bakterier, virus och annat som kroppen inte behöver
- Vätskebalans. Samla upp överflödig vätska från vävnader och antingen föra tillbaka den till blodomloppet eller transportera ut den ur kroppen
- Immunförsvar. Stötta immunförsvaret genom att mobilisera vita blodkroppar

Det fina är att vi själva har en stor inverkan. Lymfan gillar det enkla: rörelse, vila, andning, beröring. Genom små, medvetna handlingar kan vi hjälpa vårt lymfsystem att göra sitt jobb.

Varför pratar vi inte mer om lymfsystemet?

Det är en fråga många börjar ställa sig. Kanske är det för att lymfsystemet är tyst och osynligt. Lymfvätska rusar inte fram som blodet, och lymfcirkulationen mäts inte i vardagliga hälsokontroller. Men de senaste åren har fler börjat förstå hur viktig den är, särskilt inom områden som inflammation, återhämtning, immunhälsa och mental trötthet.

Forskare börjar upptäcka kopplingar mellan ett trögt lymfsystem och allt från autoimmuna sjukdomar till hjärndimma. Samtidigt har intresset för egenvård vuxit – och där passar lymfan perfekt in då det ju är ett system vi kan påverka själva med enkla medel.

14

2.

Hur fungerar det i kroppen?

Tänk dig att lymfsystemet är som ett tyst vattendrag som rinner genom hela din kropp, i skuggorna av det mer uppmärksammade blodomloppet. Men i stället för att leverera saker, så samlar det upp, filtrerar och återför. Lymfsystemet är inte bara ett system, det är ett helt nätverk. Det består av lymfkärl, lymfnoder, mjälten, brässen, tonsillerna och benmärgen. Tillsammans bildar de ett slags inre renhållnings- och skyddssystem som arbetar för att hålla dig frisk, balanserad och fri från skräp. Det är också anledningen till lymfsystemet i större utsträckning finns i kroppen där det är mest att rensa och skydda – som i halsen, bröstkorgen, magen och ljumskarna. Dessa områden sitter främst på kroppens framsida.

Kvinnor har ett mer avancerat lymfsystem eftersom kroppen är byggd för att kunna bära och skydda ett foster. Det kvinnliga lymfsystemet är mer intrikat för att kunna stötta menstruation, graviditet, amning och samtidigt skydda både kvinnan och det växande livet.

Lymfkärlen – samlar in lymfvätska

Överallt i kroppen finns det små tunna lymfkärl som transporterar lymfvätskan. De här kärlen liknar blodkärl men är lite mjukare och tunnare. De börjar längst ut i vävnaderna, där de samlar upp överskottsvätska som läcker från blodkärlen och leder vätskan långsamt tillbaka mot hjärtat. På vägen passerar den lymfnoder där allt som samlats upp kontrolleras och sorteras. Lymfvätskan rör sig bara i en riktning – i riktning mot hjärtat. Det finns klaffar (eller fjäll) i lymfkärlen som hindrar den från att rinna tillbaka. Men då lymfsystemet inte har något hjärta som pumpar runt lymfvätskan, är det vi själva som får den att röra sig genom att andas, röra på oss och slappna av. Om lymfsystemet inte samlar in vätska som det ska blir vi svullna och slaggprodukter, virus, bakterier och annat stannar kvar i vävnaden i stället för att fångas upp och analyseras av lymfnoderna. Lymfkärlen går ofta på insidan av leder för att de där är bättre skyddade och kan följa med blodkärlen. Lymfkärlen är tunna och känsliga, så kroppen placerar dem där de inte kläms eller skadas lika lätt till exempel nära där nerver och blodkärl redan går. Leder rör mycket på sig, men på insidan är det ofta mindre tryck och stabilare struktur, vilket passar lymfkärlen bra.

Lymfnoder – kroppens filterstationer

Du kanske har märkt att du kan få svullna små knölar på halsen när du är sjuk? Det är dina lymfnoder. Det finns flera hundra sådana i kroppen och de kan liknas vid små bönformade stationer som filtrerar lymfvätskan. I noderna finns vita blodkroppar som kallas lymfocyter. De patrullerar och letar efter bland annat virus, bakterier och cancerceller och tar hand om dem. Det är som små checkpoints där kroppen kontrollerar vem som får passera och vem som måste tas om hand. De flesta noderna sitter i grupper på strategiska platser: halsen (området ovanför nyckelbenen som ibland kallas nyckelbensgropen), armhålorna, ljumskarna, magen och längs ryggraden. Det är ofta i dessa områden du kan känna svullnad om systemet blir överbelastat. Lymfsystemet är alltså en mycket viktig del av vårt immunförsvar och om cirkulationen inte fungerar eller om noderna inte kan fånga upp lymfvätska blir kroppens förmåga att renas och skydda sig mot angrepp nedsatt. När man pratar om lymfsystemet och lymfmassage kallar man ofta dessa områden "stationer" dit man föser lymfvätskan. Bilden nedan ger en mycket förenklad bild av hur man kan tänka sig att lymfnoderna är grupperade i kroppen och i vilken riktning lymfvätskan transporteras.

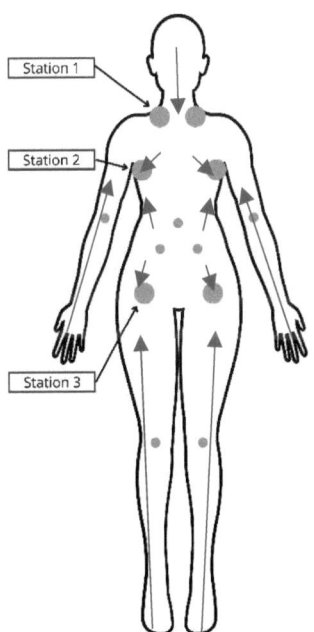

Mjälten, brässen och tonsillerna

Lymfsystemet består inte bara av kärl och vätska utan flera organ ingår också:

- Mjälten: Ligger strax under vänster revbensbåge. Den filtrerar blodet, lagrar vita blodkroppar och bryter ner gamla röda blodkroppar
- Brässen (thymus): Brässen ligger bakom bröstbenet, strax ovanför hjärtat. Viktig under barndomen. Här mognar T-cellerna som är en viktig del av immunförsvaret
- Tonsillerna (halsmandlarna): Stoppar inkräktare redan vid mun och svalg

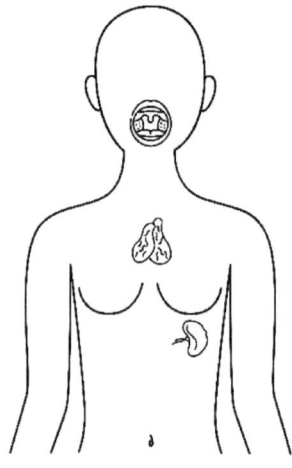

Alla dessa organ samarbetar med lymfsystemet för att skydda kroppen.

18

Så här rör sig lymfan i kroppen

Lymfvätskan bildas alltså när vätska läcker ut från de allra minska blodkärlen (kapillärerna) ut i kroppens vävnader. I stället för att stanna där, vilket skulle leda till svullnad, sugs den upp av de små lymfkärlen. Vätskan passerar sedan flera noder där den filtreras och läses av. Den tar sig i uppåt i kroppen genom större och större kärl för att, till sist, tömmas tillbaka in i blodbanan via två stora kärl vid nyckelbenen. Men, och det här är viktigt, eftersom det inte finns någon motor som driver lymfan, så blir systemet lätt trögt om du:

- Sitter stilla länge
- Andas ytligt (utan att aktivera diafragman)
- Har spända muskler
- Har stillastående vätska i kroppen (till exempel vid hormonella förändringar, inflammation eller skador)

Därför är just rörelse, andning och avslappning så centrala för en god lymfcirkulation – något vi kommer fördjupa oss i under de kommande kapitlen.

Utöver stillasittande, ytlig andning och muskelspänningar finns det flera andra faktorer som kan bidra till att lymfsystemet blir trögt eller tillfälligt blockeras. Ärrvävnad efter operationer eller skador kan skapa fysiska hinder för lymfflödet, särskilt om ärren ligger nära större lymfkärl. Djupa blåmärken (lårkakor) kan också påverka lymftransporten lokalt genom svullnad och vävnadsskador. Långvarig

19

stress påverkar dessutom kroppens vätskebalans, andningsmönster och muskelspänningar som alla är faktorer som indirekt påverkar lymfflödet negativt. Även kronisk vätskebrist kan göra lymfan tjockare och segare, vilket gör det svårare för den att flöda effektivt genom kärlen. Att förstå och adressera dessa orsaker kan vara avgörande för att återställa en balanserad lymfcirkulation.

Långsamt men livsviktigt

Lymfan rör sig långsamt. Faktiskt så långsamt att hela blodomloppet hinner cirkulera flera varv innan lymfvätskan tagit sig en enda runda. Men låt inte det lura dig – det den gör är avgörande. Ett trögt lymfsystem kan påverka allt från energinivåer, immunförsvar och matsmältning till hudkvalitet, sömn och hormoner. Det är ingen överdrift att kalla det ett nav i kroppen.

Exempel från vardagen – så fungerar lymfsystemet i praktiken

- Tänk på lymfsystemet som en sopbil utan motor. Soporna (avfallsämnen, överskottsvätska, gamla celler) samlas upp i vävnaderna. Men sopbilen (lymfvätskan) står stilla om ingen knuffar på den. Det är du som knuffar på med dina rörelser, andetag och avslappning. Tar du en promenad, gungar du i gång flödet. Tar du djupa andetag, drar diafragman lymfvätska som en pump. Ligger du stilla och spänner dig – då står bilen kvar.

- Har du någonsin haft en svullnad som kom och gick? Kanske efter att ha suttit stilla länge, rest långt, haft mens, varit sjuk eller stressad? Det är ofta lymfsystemets sätt att tala om att flödet bromsats. När du sedan rört dig, sovit ut eller fått massage kan svullnaden minska för att lymfan fått hjälp att röra sig igen.

- Känner du dig ibland "tung" i kroppen utan att veta varför? Det kan vara tecken på ett trögt lymfflöde. Många beskriver det som om kroppen känns seg, svullen, trött eller mentalt dimmig. När lymfan börjar röra sig bättre med hjälp av till exempel djupandning, lymfmassage eller ett yogapass brukar även känslan i kroppen bli lättare, klarare och mer vital.

3.

Lymfcirkulation som inte fungerar

När lymfsystemet fungerar som det ska, är det tyst, stabilt och gör inget väsen av sig alls. Men när det av någon anledning går långsamt eller blir överbelastat, kan det märkas på olika sätt både fysiskt och mentalt. Det börjar ofta subtilt. Till skillnad från akuta sjukdomar, där man blir "pang-förkyld" över en natt, kommer lymfproblem ofta smygande. Det kan handla om små signaler som man lätt avfärdar som "normal trötthet", "stress" eller "ålderskrämpor". Men kroppen är klok. Den viskar först. Sen börjar den prata. Och om vi inte lyssnar kanske den till slut behöver skrika.

Här är några vanliga tecken på att lymfsystemet inte flödar som det ska:

Vanliga fysiska symtom

- Svullnad i ben, fötter, händer eller ansikte
- Trög mage eller vätskeansamling i buken
- Puffiga ögon på morgonen
- Hjärndimma eller koncentrationssvårigheter
- Kalla fötter och händer
- Stelhet i kroppen på morgonen eller efter stillasittande
- Oförklarlig trötthet eller låg energi
- Spända, ömma områden. Särskilt kring bröstkorg, armhålor, ljumskar

23

Känslomässiga eller mentala signaler

- Känsla av att vara "fast" eller "stagnant"
- Irritation eller nedstämdhet utan tydlig orsak
- Oro, inre stress eller rastlöshet
- Svårt att slappna av

Vid mer långvarig påverkan kan man även se

- Återkommande infektioner
- Fördröjd läkning av sår eller skador
- Hudbesvär som akne, eksem eller "plufsighet"
- Ökad känslighet för dofter, kemikalier eller mat
- Svullna lymfnoder som inte försvinner*

*En svullen lymfnod känns oftast som en liten, rund eller oval knöl under huden. Den kan vara:

- Mjuk eller fast i konsistensen
- Öm vid beröring, särskilt om svullnaden beror på en infektion
- Rörlig under huden (går att förflytta lite)
- Placerad i t.ex. hals, armhåla eller ljumske, där många lymfkörtlar finns

Om svullnaden kvarstår längre än ett par veckor, växer, känns mycket hård eller är helt smärtfri kan det vara klokt att kontakta vården för en bedömning.

Viktigt att påpeka: det här är ingen diagnoslista och symtomen kan bero på andra saker. Men om du känner igen flera av dem, särskilt i kombination, kan det vara värt att se över hur ditt lymfsystem mår.

Det är inte ditt fel – men du kan påverka

Många av oss lever liv som inte direkt gynnar flöde och cirkulation i kroppen: vi sitter mycket, stressar ofta, andas ytligt och sover dåligt. Dessutom bär vi tajta kläder, rör oss ensidigt, och har sällan kontakt med kroppens subtila signaler. Men det betyder inte att det är kört, tvärtom. Eftersom lymfsystemet är så känsligt för små förändringar, så kan även små vanor göra stor skillnad i rätt riktning.

Nu när du har lärt känna lymfsystemets uppbyggnad, funktion och signaler på obalans, är det dags att ta nästa steg: att börja samarbeta med kroppen i vardagen.

I nästa del går vi från teori till mjuk handling. Du får upptäcka hur enkla, medvetna vanor kan göra stor skillnad för ditt flöde. Det handlar inte om att göra mer, utan om att göra rätt för just din kropp.

Välkommen till Del II där vi aktiverar lymfcirkulationen, en vana i taget.

Del II

Vanor som hjälper dig flöda

Lymfsystemet är inte bara ett nätverk av kärl och noder –
det är ett levande flöde som påverkas av hur vi rör oss, an-
das, sover, äter, tänker och känner. I denna del av boken
utforskar vi de vardagsvanor som på ett mjukt men kraft-
fullt sätt stödjer din lymfcirkulation. Målet är medveten-
het: små justeringar kan göra stor skillnad när du förstår
kroppens naturliga rytmer. Egenvård är inte komplicerat!

4.

Att röra sig rätt

"Rörelse är medicin." Det är ett uttryck vi har hört förut. Utan rörelse sker ingen cirkulation. Lymfsystemet är alltså inte som blodet, som har hjärtat som driver runt det i högt tempo. I stället är det vi själva som är pumpen och varje gång vi rör oss, spänner en muskel eller andas djupt, så trycker vi lymfvätskan framåt i sina kärl.

Varför rörelse är avgörande

När vi rör kroppen stimuleras muskelpumpar som pressar lymfvätskan vidare genom systemet. Rörelse hjälper också till att öppna och stänga de små klaffar som hindrar vätskan från att rinna bakåt. Det är som ett inre gungande flöde – som behöver våra steg, svaj och sträckningar för att komma i gång.

Stillhet = stagnation

Att sitta still i flera timmar i sträck, vid till exempel datorn, i bilen eller framför Tv:n, gör att lymfsystemet saktar ner. Vätskan samlas i benen, svullnad kan uppstå, och kroppen får svårare att rena sig själv. Och det är inte bara fysisk stillhet som påverkar – inre stress kan skapa spänningar som också blockerar flödet. När vi är stressade spänner vi ofta omedvetet muskler i nacke, axlar, käkar och bål, vilket kan minska cirkulationen i både blod- och lymfsystemet. Långvarig stress påverkar dessutom andningen, som tenderar att bli ytlig. När andetaget hamnar högt upp stimuleras alltså

29

inte diafragman som hjälper till att pumpa runt lymfvätskan i kroppen. Men det fina är att det inte krävs så mycket för att göra skillnad.

Rörelse som lymfan älskar

Här är några av de mest lymfvänliga rörelseformerna och varför de fungerar så bra:

- Promenader i lugnt tempo – aktiverar benmusklerna, som är kraftfulla pumpar för lymfan. Bonus: du får dagsljus och mental återhämtning.

- Studs eller gung – att studsa lätt på studsmatta eller till och med bara stå på tå och släppa ner hälarna några gånger stimulerar lymfflödet enormt. Rytmiska rörelser sätter fart på hela systemet.

- Yoga och mjuka flöden – stretch, rotation och andning i kombination hjälper lymfan att röra sig genom kroppen. Extra bra är övningar där du öppnar upp kring bröstkorg, höfter och axlar där många lymfnoder sitter.

- Skakning och dans – skaka loss kroppen som ett träd i vinden. Det ökar cirkulationen och hjälper kroppen att släppa spänningar som håller flödet tillbaka.

- Dagliga mikropauser – bara att ställa dig upp var 30:e minut, rulla axlarna eller ta några djupa andetag kan räcka för att få i gång systemet.

Rörelse och träning

Många tänker att rörelse = träning. Men för lymfan är det nästan tvärtom. För intensiv träning (till exempel hård styrketräning eller tuffa HIIT-pass) kan faktiskt tillfälligt överbelasta systemet om du redan är svullen, stressad eller har låg energi. Om du märker att du svullnar av träning kan du, under en period, backa din träning för att låta lymfsystemet få komma ikapp igen. Testa istället långsam träning, stretch, andningsövningar och styrketräning med lägre vikter och stort fokus på teknik. Promenader eller simning i lagom tempo, yoga, tai chi, qui gong och meditation är alla exempel på träning som är gynnsam för lymfsystemet.

Tips: Gör det enkelt – men ofta

Det är frekvensen som är viktig, inte längden eller svårighetsgraden. Det är bättre att du rör dig lite varje timme än att du kör ett långt pass en gång i veckan.

Här är ett litet exempel på en mini-rutin som kan boosta lymfcirkulationen

1. Gå runt kvarteret i 5–10 minuter

2. Stå på tå och "dunsa" hälarna ner i golvet 10–20 gånger

3. Rulla axlarna långsamt. Stora fina cirklar. Bakåt och framåt 10 gånger vardera

4. Sträck armarna högt över huvudet och andas in djupt alternativt gör så kallade "änglavingar" (googla så hittar du)

5. Skaka loss hela kroppen i 20 sekunder

6. Le lite – det släpper spänningar i käkarna (och ökar flödet!) och frigör "måbra"-hormoner i kroppen

Att längta efter rörelse

Försök att inte se rörelse som ett "måste" eller "projekt". Se det som en handling av omtanke. Du rör på dig för att ge kroppen det flöde den längtar efter. Din kropp är byggd för rörelse. Och när du börjar röra dig på rätt sätt kommer du också börja känna dig lättare, klarare och mer levande.

I nästa kapitel kommer vi prata om andningsmuskelns roll för lymfcirkulationen.

5.

Andas dig fri från stagnation

Vi gör det 20 000 gånger om dagen utan att ens tänka på det. Ändå är andningen ett av de mest kraftfulla verktygen kroppen har för att få i gång lymfcirkulationen. Gratis, enkelt och alltid tillgängligt. När vi andas djupt och långsamt med diafragman, alltså den stora, kupolformade muskeln som ligger under lungorna, så masseras de inre organen. Trycker ner och släpper upp. Och varje gång vi gör det, stimuleras lymfflödet i hela bålen och resten av kroppen. Det är som att det inifrån skapas ett mjukt pumpande som hjälper vätskan att röra sig genom kroppens filterstationer.

Många andas idag ytligt, högt upp i bröstet, så att diafragman inte rör sig som den ska. Det kan påverka både syresättningen, lymfflödet och kroppens förmåga att slappna av.

Vad är diafragmaandning?

Diafragmaandning (även kallad bukandning eller djupandning) är när du andas så att även de nedre revbenen och magen rör sig utåt på inandning, och inåt på utandning. Det är så små barn andas naturligt. Utan spänningar och utan stress. Men många vuxna har tappat kontakten med den här naturliga andningen. Vi andas i stället högt upp i bröstkorgen, kort och snabbt, särskilt när vi är stressade. Det ger inte samma cirkulerande effekt, varken för syresättning, avslappning eller för lymfcirkulationen.

Varför är andning hela vägen ner i diafragman så viktig för lymfsystemet:

- Tryckförändringarna som sker i bålen när vi andas hela vägen ner med diafragman hjälper lymfan att röra sig uppåt i kroppen
- Djup andning trycker igång och stimulerar de stora lymfnoderna i bröstkorgen
- Långsam andning aktiverar det parasympatiska nervsystemet – kroppens "lugn och reparera"-läge. Det läge där lymfcirkulationen fungerar som bäst
- Syretillförsel och avslappning förbättras – hjälper till att öka cirkulationen i kroppen igen

Kort sagt: andningen är som en inre vågrörelse som hjälper dig att hålla cirkulationen i gång och särskilt i bålen, där många viktiga lymffunktioner sitter.

Prova själv – 1 minut som förändrar flödet:
Lägg en hand på bröstet och en hand på magen.

1. Andas in långsamt genom näsan – försök få både bröstkorgen och magen att röra sig utåt

2. Andas ut, lika långsamt, genom näsan– bröstkorgen och magen sjunker tillbaka

3. Upprepa i 1 minut. Känn hur hela kroppen börjar slappna av och pulsen sänks

Det här kan du göra var som helst: i sängen, på jobbet, i bilen (ja, så länge du inte somnar!). Det är enkelt men kraftfullt.

Andningen och känslor

Det finns också en känslomässig koppling. När vi håller inne känslor, särskilt stress, oro eller sorg, så håller vi ofta också inne andningen. Vi spänner bröstet, biter ihop och andas ytligt. Och vad händer då? Jo, flödet i kroppen stannar upp. Inte bara mentalt – utan även fysiskt. Lymfan rör sig långsammare. Vätska stannar. Spänningar byggs upp.

När du börjar andas djupare, börjar ofta även känslor släppa. Det är därför vissa börjar gäspa, skaka, gråta eller känna lättnad efter en stunds djupandning då kroppen börjar komma ihåg hur den vill kännas.

Andning + rörelse = magi

Vill du ta det ett steg längre? Så kallade "änglavingar" kombinerar andning med mjuka rörelser:

- Andas in och låt bröstkorg och mage vidgas åt alla håll när du samtidigt lyfter armarna över huvudet. Sätt ihop handflatorna ovanför huvudet.

- Andas ut och dra aktivt ihop bröstkorgen och magen samtidigt som du för ner dina händer framför magen

Om du repeterar flödet av änglavingar sätter det i gång hela din lymfcirkulation på bara några minuter.

Bonus: Andning vid läggdags

Att göra 5–10 långsamma andetag med fokus på att vidga (slappna av i) bröstkorgen och magen innan du somnar kan hjälpa både flöde, sömn och återhämtning. Det lugnar nervsystemet, sänker blodtrycket och låter kroppen glida in i viloläge där självläkning sker. Och för ditt lymfsystem kan andningen vara skillnaden mellan stagnation och flöde.

I nästa kapitel dyker vi ner i något lika grundläggande, men tyvärr ofta missförstått: vätskans roll. För vad händer om vi rör oss och andas lugnt... men inte dricker rätt?

6.

Att dricka klokt

Vår kropp består till cirka 60–70 % av vatten. Lymfvätskan, som transporterar slaggprodukter genom kroppen, består till ännu större del av just vatten. Så det är inte konstigt att vätskebalansen spelar en nyckelroll för hur lymfsystemet fungerar. Men här kommer en viktig poäng direkt: det handlar inte bara om att "dricka mer vatten". Det handlar om hur, när och vad vi dricker. För mycket vätska på en gång kan stressa kroppen. För lite, eller fel sorts dryck, kan göra att lymfsystemet saktar ner. Låt oss titta närmare på varför vätska är så avgörande och hur du kan dricka på ett sätt som gynnar flöde.

Varför lymfsystemet behöver vätska

Lymfvätskan kan alltså liknas vid en långsam flod som flyter genom kroppen. Och precis som en riktig flod, behöver den ha tillräckligt med vatten för att kunna röra sig framåt. Om vi är uttorkade blir lymfan trög, seg och som sirap i stället för en lätt rinnande bäck. Då kan det bli svårare för kroppen att transportera bort slaggprodukter, vilket kan ge svullnad, trötthet, värk och obalans.

Tydliga tecken på att du kanske behöver mer vätska:

- Mörk urin eller sällan kissnödig
- Torr hud eller läppar
- Huvudvärk eller koncentrationssvårigheter

- Svullnad (paradoxalt nog – kroppen "håller kvar" vätska när den är uttorkad!)
- Trög matsmältning

Så dricker du lymfsmart
Här är några konkreta riktlinjer som stöttar lymfcirkulationen:

1. Små klunkar – ofta. I stället för att hälla i dig en liter på en gång, drick i små doser under dagen. Det är mycket mer skonsamt för kroppen och mer effektivt för flödet. Observera dock att mycket vatten några gånger om dagen är bättre än inget vatten alls.

2. Börja dagen med ett glas vatten. Kroppen är naturligt uttorkad efter natten.

3. Lymfvänliga drycker

- Vatten (gärna rumstempererat): Håller lymfvätskan tunn och lättflytande, vilket underlättar cirkulationen. Rumstempererat vatten tas upp skonsamt av kroppen.

- Örtteer – till exempel nässla, maskros, ingefära: Har traditionellt använts för att stödja avgiftning och cirkulation. Nässla och maskros är lätt vätskedrivande, medan ingefära stimulerar blod- och lymfflöde genom sin värmande effekt.

- Varmt vatten med citron: Kan stimulera matsmältningen och levern – organ som är kopplade till kroppens avgiftningssystem, inklusive lymfan.

- Kokosvatten (rikt på elektrolyter): Hjälper till att återställa vätskebalansen och stödjer cellernas funktion, vilket gynnar ett effektivt lymfflöde.

- Gurkvatten (mineralrikt): Innehåller bland annat kalium och magnesium, som bidrar till vätskebalans och muskelavslappning – viktigt för lymfans transport.

4. Begränsa det som stör flödet, exempelvis

- Läsk med socker eller sötningsmedel
- För mycket kaffe (uttorkande)
- Alkohol (påverkar både vätskebalans och immunförsvar)

Du behöver inte sluta helt men tänk "balans, inte förbud".

5. Lyssna på kroppen. Om du är törstig – drick. Men om du kissar konstant och ändå känner dig torr kan det vara tecken på att du behöver mer mineraler, inte bara vatten. Salt, gröna bladgrönsaker och buljong kan då hjälpa.

Därför känner du kanske inte att du är törstig

Många människor idag går omkring lätt uttorkade utan att ens märka det. En vanlig orsak är att kroppens naturliga törstsignal har dämpats vilket är något som kan bero på stress, koffein, socker eller att vi helt enkelt vant oss vid att ignorera kroppens signaler. Dessutom är törst en ganska sen varningssignal. När du känner dig riktigt törstig är du ofta redan något uttorkad. Även låggradig uttorkning kan påverka lymfcirkulationen, koncentrationen och energinivån. Att medvetet dricka små mängder vätska regelbundet kan därför vara viktigare än att "vänta på törsten". Lär dig i stället att lyssna på andra subtila signaler från kroppen så som huvudvärk, stelhet eller torr hud och låt dem påminna dig om att fylla på med vätska i rätt tid.

Vätska i maten

Glöm inte att mycket av vätskan du får i dig faktiskt kommer från mat, särskilt från frukt och grönsaker. Gurka, vattenmelon, apelsin, selleri och soppor är riktiga lymfvänner. Ett tips: börja varje måltid med något vätskerikt. En liten sallad, soppa eller en frukt. Det hjälper inte bara lymfcirkulationen utan stödjer också matsmältningen.

Tips! En fin vattenflaska på skrivbordet eller i väskan kan göra skillnad och det kanske påminner dig om att dricka utan att du behöver tänka så mycket på det. Vätska är som smörjmedel för kroppen!

I nästa kapitel tittar vi närmare på en av kroppens mest underskattade självläkningsfunktioner – sömnen. Och varför den är lymfcirkulationens bästa vän om natten.

7.

Sov som en lymfmästare

Vi sover ungefär en tredjedel av våra liv. Och tur är väl det för under sömnen pågår en inre storstädning som vi inte vill missa! Då arbetar nämligen kroppens lymfsystem, och hjärnans glymfatiska system, på högvarv för att rensa bort slagg, inflammation och tröghet. Du kanske har hört uttrycket "att sova på saken". Det är faktiskt inte bara ett talesätt. Under natten bearbetar inte bara hjärnan känslor och minnen utan kroppen arbetar också fysiskt med att rensa och återställa. Och precis som lymfsystemet jobbar för att rensa kroppen från avfall, finns det i hjärnan ett eget reningssystem som kallas det glymfatiska systemet.

Vad är det glymfatiska systemet?
Det glymfatiska systemet är ett relativt nyupptäckt system (beskrivet först 2012!) som fungerar som hjärnans lymfsystem. Det är ett nätverk som rensar bort slaggprodukter från hjärnvävnaden, inklusive amyloid-beta, ett protein som i för höga halter sägs kunna kopplas till Alzheimers sjukdom.

När fungerar det glymfatiska systemet?
Det aktiveras nästan bara när vi sover, särskilt under de djupa sömnfaserna. Under sömnen "krymper" hjärncellerna något, vilket skapar utrymme mellan dem som en sorts inre flod där cerebrospinalvätska kan skölja igenom hjärnan och föra bort skräp. Tänk dig att någon stänger av

motorvägen på natten för att kunna städa upp efter dagens kaos – det är exakt vad det glymfatiska systemet gör.

Tecken på att det glymfatiska systemet inte fungerar optimalt:

- Morgontrötthet, trots många timmar i sängen
- Huvudvärk på morgonen eller under dagen
- Mental tröghet, glömska, hjärndimma
- Koncentrationssvårigheter
- Oro, nedstämdhet eller känslighet för ljud/ljus
- Känsla av att "aldrig bli riktigt klar i huvudet"

Det här kan bero på att hjärnan inte fått rensas ordentligt under natten för att sömnen varit för ytlig, avbruten eller för kort.

Sömnen och det vanliga lymfsystemet

Sömnen påverkar inte bara reningen av hjärnan. Även det vanliga lymfsystemet i kroppen är mer aktivt när vi vilar. Det är under natten som kroppen går in i "reparationsläge", återställer immunsystemet och bearbetar inflammation. Brist på sömn, eller för ytlig sömn, kan alltså påverka hela flödet i kroppen negativt.

Så sover du för bättre lymf- och glymfflöde:

1. Lägg dig i tid. Det glymfatiska systemet verkar vara mest aktivt under de tidiga sömntimmarna, särskilt mellan 22:00 och 02:00. Att sova under den tiden kan ge mer "städning" än att sova länge på morgonen.

2. Sov på sidan. Viss forskning föreslår att glymfsystemet fungerar bäst när du sover på sidan, särskilt på höger sida. Ryggläge verkar vara näst bäst, medan mage inte verkar vara lika effektivt.

3. Mörkt och svalt sovrum. Ljus stör kroppens melatoninproduktion, och värme kan påverka sömnkvaliteten negativt. Mörkt, svalt och tyst är en bra kombo.

4. Undvik skärmar 1–2 timmar före läggdags. Blått ljus från mobil och dator stör melatonin och kan göra sömnen ytligare vilket minskar glymfaktiviteten. Alternativt ändra inställning på skärmarna till att inte visa blått ljus de tider du önskar.

5. Andas lugnt innan du somnar. Avsluta dagen med några djupa andetag, gärna liggande i sängen. Det hjälper både nervsystemet och lymfsystemet att gå in i viloläge.

6. Skapa kvällsritualer. Det spelar ingen roll om du mediterar, läser, tar en kopp örtte eller skriver dagbok. Det viktiga är att din kropp får en signal: "Nu är det dags att varva ner."

8.

Mat som hjälper (och stjälper)

"Du blir vad du äter" är ett gammalt uttryck och även om det inte är hela sanningen, så ligger det något i det. Maten vi äter påverkar inte bara energin och humöret utan också lymfsystemet och kroppens förmåga att hålla sig i balans. När vi äter mat som skapar inflammation eller vätskeansamling, får lymfsystemet mer att hantera. Det blir som att kasta in fler sopor i systemet utan att öka resurserna för att ta hand om dem. Maten vi äter kan alltså antingen belasta lymfan eller hjälpa den på traven.

Lymfvänlig mat handlar om flöde

Tänk dig mat som inte belastar matsmältningen för mycket och som hjälper kroppen att känna sig lätt, avslappnad och i rörelse. Det är inte en exakt diet. Det är en känsla. När du äter något som ger energi utan att göra dig tung eller svullen, då är du oftast på rätt spår.

Mat som ofta stjälper flödet:

- Mat som ger en uppblåst eller tung känsla i magen
- Mycket snabbmat eller färdigmat med snabba kolhydrater och högt salt- eller sockerinnehåll
- Väldigt processad mat med långa innehållsförteckningar

Det här handlar inte om förbud utan om att lyssna in kroppen. Hur känns det i magen, i huden, i huvudet efter att du har ätit?

Mat och vanor som ofta hjälper flödet:

- Mjuk, varm, vätskerik mat (tänk soppor, långkok, grönsaker)
- Måltider som inte stressar matsmältningen (att äta i lugn och ro, tugga väl)
- Tillräckligt med både fett och protein av god kvalitet – det behövs för att ta upp fettlösliga vitaminer och för att lymfan ska kunna transportera näringsämnen. Exempel på bra fettkällor är avokado, olivolja, fet fisk, nötter och frön. Bra proteinkällor kan vara ägg, baljväxter, linser, kyckling, fisk och naturell yoghurt eller andra fermenterade mjölkprodukter.

Inflammation och fettkvalitet

En viktig del i hur lymfsystemet påverkas av maten är inflammationsgraden i kroppen. Inflammation är en naturlig process men när den blir låggradig och långvarig, kan den störa flödet. Lymfan får då ett ständigt "överskott" av material att hantera. Här spelar intaget av socker och snabba kolhydrater en stor roll men även fettsyrabalansen är viktig och då särskilt relationen mellan omega-6 och omega-3.

Omega-3 – ett tillskott som gör skillnad

Det enda kosttillskott som jag väljer att lyfta i den här boken är omega-3 då effekterna av omega-3-fettsyror rent generellt är bättre vetenskapligt belagda än många andra kosttillskott. Det betyder inte att allt är svart eller vitt, men i jämförelse med mycket annat som säljs som tillskott, står omega-3 på en rätt stadig vetenskaplig grund. Omega-3 är en essentiell fettsyra, vilket betyder att kroppen inte kan tillverka den själv. Vi måste få den från kosten. Omega-3 är känd för sina antiinflammatoriska egenskaper, vilket gör den särskilt viktig för att:

- Stötta kroppens självläkning
- Minska låggradig inflammation
- Skydda hjärta, hjärna och leder
- Hjälpa immun- och lymfsystemet att arbeta mer effektivt

Men all omega-3 är inte lika bra. Vad definierar en riktigt bra omega-3?

Här är några nyckelpunkter att tänka på:

- Hög halt av EPA och DHA. Det är dessa två fettsyror som kroppen använder aktivt. Kontrollera innehållet – en bra produkt har ett högt innehåll av EPA/DHA per kapsel eller dos. En kvalitativ fiskoljeprodukt bör innehålla minst 300 mg EPA och 200 mg DHA per kapsel, gärna mer. För vissa hälsoeffekter kan en daglig dos på 1000 mg EPA och 500 mg DHA eller högre vara aktuell – men

47

det är alltid klokt att anpassa intaget efter indivi-
duella behov och kostvanor.

- Renhet och stabilitet. Eftersom omega-3 är ett fett,
  är det känsligt för oxidering (härskning). En bra
  omega-3-produkt är:
  -Rensad från tungmetaller och miljögifter
  -Stabiliserad med antioxidant (till exempel E-vita-
  min)
  -Tillverkad under kontrollerade former (från fisk
  eller alger av god kvalitet)

- Neutral smak (eller doftfri). En riktigt bra olja sma-
  kar friskt – inte "fiskigt". Fiskrapar eller dålig lukt
  kan tyda på oxiderad olja

- Transparens från tillverkaren. Seriösa tillverkare
  visar upp laboratorietester, ursprung och tillverk-
  ningsmetod. Undvik omega-3 som inte specifice-
  rar innehåll

Behöver alla ta omega-3?
Det beror på vår livsstil och kost. Men många har idag en
obalans mellan omega-6 och omega-3, särskilt om man inte
äter mycket fet fisk. Ett kvalitativt omega-3-tillskott kan då
vara ett enkelt och effektivt sätt att stötta kroppens flöde och
minska onödig belastning på lymfsystemet.

En generell tanke om antiinflammatorisk kost

Många har idag låggradig inflammation i kroppen – ett slags tyst, långvarigt inflammationspåslag – på grund av faktorer som stress, stillasittande, näringsfattig kost, dålig sömn och exponering för kemikalier. Kroppen hamnar i ett ständigt litet "alarmtillstånd", vilket kan störa både immunförsvar och lymfcirkulation utan att ge tydliga symtom direkt. Även kosten spelar en stor roll – ett högt intag av socker, snabba kolhydrater och processad mat kan driva på inflammationen genom att blodsockret svänger kraftigt och insulinnivåerna höjs, vilket i längden belastar kroppen. Du har kanske hört uttrycket antiinflammatorisk kost – och det är egentligen inget magiskt. Det handlar om att äta på ett sätt som minskar en eventuell låggradig inflammation i kroppen och ger kroppen rätt byggstenar för att reparera sig själv. Antiinflammatorisk kost är inte en specifik diet eller strikt lista, utan snarare en riktning. En livsstil där du väljer mat som:

- Är naturlig snarare än processad
- Stöttar kroppen i stället för att stressa den
- Innehåller riktigt fett, färger*, fibrer och vätska
- Påverkar insulinnivåerna så lite som möjligt

* färgerna speglar olika antioxidanter och växtämnen (som polyfenoler och flavonoider), som hjälper kroppen att bekämpa skadliga fria radikaler och dämpa inflammation

Det räcker med att börja lägga till fler "bra saker" så som:

- Grönsaker i alla färger
- Naturliga fetter (som olivolja, avokado, nötter)
- Fisk eller växtbaserade omega-3-källor
- Fullvärdiga kolhydrater med fiber (så kallade långsamma kolhydrater)
- Örter, kryddor och mat med smak

Och viktigast av allt är alltså att äta i lugn och ro. Måltidens miljö, stressnivå och närvaro påverkar matsmältningen och hur maten tas emot i kroppen och därmed också hur lymf-systemet påverkas.

I nästa kapitel går vi från det som händer inuti kroppen till något du faktiskt kan göra med händerna. Kraften i lymf-massage och egenvård.

9.

Lymfmassage & egenvård

Dina egna händer är ett av de mest kraftfulla verktygen för att sätta i gång flödet i ditt lymfsystem. Lymfmassage är en varsam, rytmisk massageteknik som hjälper lymfvätskan att röra sig lättare genom kroppen. Det handlar inte om djupa knådningar eller tryck, tvärtom. En stor del av lymfkärlen ligger ytligt under huden, så det behövs bara mjuka, fösande rörelser för att aktivera den. Tänk stretch av huden i stället för tryck. Det här kapitlet handlar inte om att bli expert utan om att upptäcka hur långsamma tekniker kan väcka kroppens lymfcirkulation till liv.

Varför fungerar lymfmassage?

Eftersom lymfvätskan inte kan ta sig runt på egenhand, är det beroende av rörelse och tryckförändringar.

Med massage:

- Stimuleras lymfkärlens klaffar/fjäll att öppna och släppa fram vätska
- Minskar trögt flöde lokalt och i hela kroppen
- Stöttas kroppens naturliga avgiftning
- Ökar kontakten med kroppen – vilket i sig kan minska stress och spänningar

Vad är egenvård? Du behöver inte gå till en professionell lymfmassör för att få effekt (även om det kan vara ett fint komplement). Med egenvård menar vi enkla rörelser och grepp du kan göra själv hemma, varje dag. Det handlar lika mycket om intention och närvaro som om teknik. Din kropp svarar ofta bättre på din egen hand än du tror. Rent kemiskt reagerar kroppen faktiskt likadant på din egen beröring som på en massörs. När du masserar dig själv med lugn och uppmärksamhet frigörs oxytocin som är ett hormon som bidrar till avslappning, minskad stress och bättre cirkulation. Även endorfiner och serotonin kan öka, vilket gör att du känner dig både lugnare och mer välmående efteråt.

Viktiga områden för lymfmassage

Ansamlingar av lymfnoder finns på flera strategiska platser. Dessa har vi tidigare gått igenom och vi kallar dem "stationer". Lymfmassage börjar alltid uppifrån och dessa stationer ska i tur och ordning masseras i gång och fösningar görs i riktning mot stationerna.

- Station 1. Halsens sidor och nyckelbensgropen ovanför nyckelbenen (där töms skallens, ansiktets och nackens lymfvätska samt övre sidan av armen. Det är också där lymfan töms tillbaka till blodet. Börja alltid här!)
- Station 2. Armhålor (där töms undersidan av armens och bröstkorgens lymfvätska)
- Station 3. Ljumskar (där töms benets och bukens lymfvätska)

Vidare delas kroppen in i fyra lymfatiska kvadranter enligt bilden nedan. Lymfan kan inte utan vidare passera gränserna dem emellan.

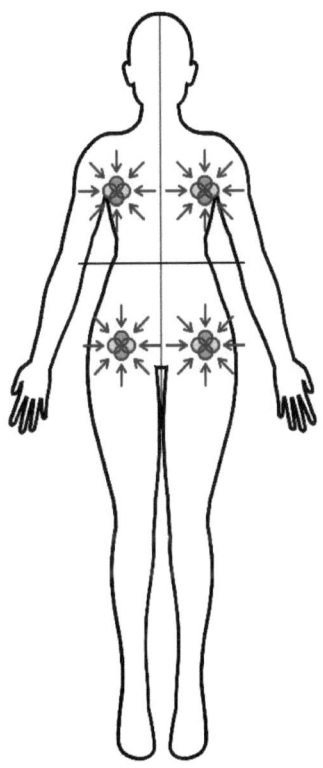

Enkla steg till egen lymfmassage:

1. Skapa en lugn miljö. Sätt dig eller stå bekvämt i en avslappnad position. Se till att du är varm och att huden är ren.

2. Djupandning. Börja med några djupa andetag för att aktivera diafragman. Kanske vill du göra änglavingar som beskrivits tidigare.

3. Nacke och nyckelben. Placera fingertopparna på båda sidor av halsen, precis ovanför nyckelbenen. Även kallat nyckelbensgroparna (lymfstation nr 1). Gör mjuka, cirkulära rörelser (pumpningar) med lätt tryck i cirka 10–15 sekunder. Detta stimulerar lymfnoderna i området. Gör mjuka fösningar från skallbasen och ner mot nyckelbensgroparna och pumpa. Upprepa 5–7 gånger.

4. Armhålor och armar. Lyft vänster arm och placera motsatt hands fingertoppar i armhålan (lymfstation nr 2). Pumpa i armhålan med försiktiga, cirkulära rörelser i cirka 10–15 sekunder. Fös huden från handleden längs underarmen mot armhålan, pumpa i armhålan emellan. Upprepa 5–7 gånger. Gör samma sak på höger arm.

5. Bröst och mage. Placera händerna på bröstbenet och fös huden utåt mot sidorna, pumpa i armhålorna, upprepa 5–7 gånger. Fortsätt med fösningar från mitten av magen upp till armhålorna, upprepa 5–7 gånger. Pumpa i ljumskarna (lymfstation nr 3) med försiktiga, cirkulära rörelser i cirka

10–15 sekunder. Fös från naveln mot ljumskarna och pumpa. Upprepa 5–7 gånger.

6. Ben. Gör fösningar från hela vänstra låret (både bak, fram och sidorna) upp till ljumsken och pumpa. Upprepa 5–7 gånger. Placera fingertopparna bakom knät och pumpa med mjuka, cirkulära rörelser i cirka 10–15 sekunder. Fortsätt med fösningar från foten (både bak, fram och sidorna) och avsluta med att pumpa i knävecket. Upprepa 5–7 gånger. Upprepa på höger ben.

7. Avsluta med några djupa andetag för att hjälpa kroppen att slappna av och stödja lymfflödet.

På hemsidan finns filmer om hur du kan gör egen lymfmassage. Följ QR-koden.

Tips för bästa effekt:

- Det går att få effekt även med kläder på men allra bäst fungerar det om du får "grepp" om huden och lite friktion så att huden skrynklar sig när du gör fösningar
- Gör det gärna efter dusch, bad, promenad eller träning

55

- Kombinera med djupandning för extra flöde
- Drick ett glas vatten efteråt för att hjälpa kroppen att föra ut slaggprodukter
- Massera med eller utan olja. Använd gärna en ekologisk olja om du vill men det går lika bra att massera utan. Ibland fungerar det bättre utan olja då friktionen gör att huden och lymfkärlen stretchas mer.

Exempel på fler tekniker och metoder som ökar lymfcirkulationen:

- Torrborstning – är en enkel och effektiv teknik som väcker både hud och lymfa. Som egen lymfmassage men med borste i stället. Bäst effekt om du pumpar i lymfstationerna innan du börjar borsta.

- Guasha – är en traditionell teknik med rötter i kinesisk medicin, där du med hjälp av ett verktyg (ofta i jade eller rostfritt stål men kan också vara en bokrygg, ett hårt grytunderlägg eller en stekspade!) skrapar över huden med långsamma, mjuka rörelser. Används ofta i ansiktet, på nacken och bröstkorgen för att stötta lymfdränage och minska svullnad.

- Bindvävsmassage – med långsamma, kontrollerade rörelser kan du påverka kroppens bindväv (fascia), som omsluter muskler, nerver och organ. Spänningar i fascian kan bromsa lymfflödet.

Genom att lossa på klistriga områden hjälper du kroppen till bättre rörelsefrihet – både inifrån och ut.

- Lymfyoga & yinyoga – yoga som fokuserar på långsamma, mjuka positioner som stretchar bindväven, stimulerar diafragman, andningen och lymfflödet. Här ligger du ofta kvar i varje position flera minuter, vilket ger kroppen chans att slappna av och öppna upp inifrån. En perfekt kontrast till en snabb vardag.

- Stretch – handlar inte bara om att bli vig. När du sträcker kroppen mjukt och medvetet, ger du plats åt lymfvätskan att flöda friare genom lymfkärlen. Extra fokus kan läggas på bröstkorg, ljumskar och nacke – där många viktiga lymfområden finns.

- Infraröd bastu – till skillnad från vanlig bastu, värmer en infraröd bastu upp kroppen inifrån. Det ökar cirkulationen och kan hjälpa till att stödja avgiftning och svettning – två viktiga funktioner som kompletterar lymfsystemets arbete.

- Kalla bad – att utsätta kroppen för kyla, till exempel genom kallbad eller en kort, kall dusch, kan ge en kraftfull skjuts åt både blod- och lymfcirkulationen. När du blir kall drar kärlen ihop sig – och när du sedan värmer upp dig igen vidgas de. Denna kontrast fungerar som en naturlig pump som kan hjälpa kroppen att transportera bort slaggprodukter och vätska.

Det mentala i beröring

Beröring är inte bara fysisk, den påverkar nervsystemet, kroppsuppfattningen och känslorna. Att röra sig själv med omsorg och närvaro kan minska stress, öka trygghet och ge en känsla av att vara hemma i sin kropp. Många som börjar med egenvård upptäcker att kroppen börjar svara med lätthet, värme och flöde och ofta mycket snabbare än väntat. De enda viktiga sakerna att tänka på vid egenvård av lymfsystemet är att alltid börja egenvården uppifrån i kroppen samt att fösa lymfvätskan upp och in mot lymfstationerna.

I nästa kapitel riktar vi blicken mot något mer subtilt men lika viktigt: hur stress, känslor och inre spänningar kan påverka flödet i kroppen.

10.

Stress, känslor och stagnation

Du vet den där känslan av att vara tung, trög, fast i kroppen – men också i tanken? Det är inte bara inbillning. Din kropp och ditt sinne hänger ihop mer än vi ofta tror. Och just lymfsystemet är särskilt känsligt för hur du mår inuti. Stress, oro, sorg, ilska, frustration är alla känslor sätter sig inte bara i huvudet. De kan skapa spänningar i kroppen som påverkar cirkulationen, andningen, matsmältningen... och lymfflödet.

Stress stänger ner flödet

När vi är stressade, vare sig det handlar om deadlines, inre oro eller bara att livet går för fort, hamnar vi ofta i det sympatiska nervsystemet, alltså "fight or flight"-läget. Det här är ett biologiskt nödvändigt system, men det är inte optimalt för självläkning.

I stressläge:

- Drar blodet sig bort från huden och matsmältningen
- Andningen blir ytlig
- Muskler spänns. Särskilt i bröstkorg, axlar, käkar och höfter
- Lymfcirkulationen saktar ner

Kroppen prioriterar här överlevnad, inte återhämtning. Och när det här tillståndet pågår för länge utan pauser, kan flödet i kroppen bokstavligen stanna upp.

Känslor som "fastnar"

Känslor är i grunden energi i rörelse och när de får kännas, flödar de. Men många av oss har lärt oss att hålla inne känslor. Att bita ihop, hålla andan, spänna oss, "vara duktiga". Det här är förståeligt men också problematiskt för kroppen. För varje gång vi håller tillbaka en känsla finns också risken att vi anspänner kroppen på ett sätt som minskar cirkulationen.

Har du någonsin känt:

- En klump i halsen?
- En tyngd över bröstet?
- En "knut" i magen?
- Värk eller tryck i axlarna efter en tuff dag?

Då har du kanske känt stagnation som inte bara är fysisk utan som också kan vara känslomässig.

Lymfsystemet och emotionell frihet

Eftersom lymfsystemet ligger så nära nervsystemet, påverkas det direkt av känslor. Många som börjar med andning, beröring eller rörelse för lymfan upplever att känslor börjar släppa:

- Du kanske börjar gäspa, skaka, le eller gråta.

- Du kanske känner dig lättare, som om något "lossnat".

- Du kanske känner dig lugnare, mer grundad, mer hemma i dig själv.

Det är inget konstigt. Det är som att kroppen får tillgång till sitt naturliga flöde igen när den inte längre behöver hålla emot. Hela kroppen avlastas.

Vad kan du göra?

Du behöver inte "ta tag i dina känslor" på något dramatiskt sätt. Men du kan skapa plats för att känna, andas och släppa lite åt gången. Här är några enkla nycklar:

1. Tillåt stillhet. Bara 5 minuter i tystnad varje dag kan göra stor skillnad. När inget pockar på kommer kroppen i kapp. Ge utrymme och tid för reflektion.

2. Känn efter i kroppen. Fråga dig själv: Var känns det spänt? Tungt? Oroligt? Lägg en hand där och andas in i i området. Du behöver inte lösa det, bara känna.

3. Skriv av dig. Att skriva ner vad du tänker och känner är ett sätt att släppa stagnation inifrån. Ofta blir det tydligare vad som rör sig när det får komma ut.

4. Rör dig på känslans språk. Dans, skakning, yoga, promenader. Det bästa är att det inte spelar någon roll hur det ser ut. Det viktiga är att kroppen får uttrycka det som inte ryms i ord.

Din kropp minns hur det är att vara i flöde

Det här kapitlet handlar inte om att du ska "fixa" dig själv. Det handlar om att förstå att flöde inte bara är fysiskt. Det handlar också om att skapa plats för känslomässig rörelse. När vi börjar lyssna inåt, släpper lite taget och låter kroppen känna det den behöver känna då får också lymfan mer utrymme att röra sig. Kanske har du redan börjat märka hur små förändringar i rörelse, andning eller sömn kan skapa ny energi i kroppen. Del II har gett dig en verktygslåda för flödesvänliga vanor men hur får man dem att hålla i längden?

I Del III riktar vi blicken mot helheten. Här handlar det om de vardagliga val vi ofta gör utan att tänka – men som påverkar vårt lymfsystem mer än vi tror. Vi utforskar subtila hinder och hållbara lösningar, utan att krångla till det.

Del III:

Smarta vardagsval för att öka lymfflödet

När vi tänker på hälsa är det lätt att fokusera på de stora insatserna så som träningspass, kostomläggningar och nya rutiner. Men för lymfsystemet är det ofta de små, nästan osynliga valen i vardagen som gör den största skillnaden. Hur vi sitter. Hur vi andas under en stressig dag. Hur våra kläder påverkar flödet. Hur vi förhåller oss till alla råd och trender som snurrar i hälsovärlden.

I den här delen handlar det om att hitta sitt eget sätt att leva lymfsmart – utan att det blir ytterligare en pressfaktor i livet. För stress är kontraproduktivt om vi ska öka vår lymfcirkulation, eller hur? I stället för att lägga till ännu fler måsten, utforskar vi hur du kan skapa plats för flöde mitt i det som redan är. Du får verktyg för att lyssna in kroppen och skapa en vardag som stödjer snarare än hindrar ditt naturliga flöde. Det är inte en quick fix.

11.

Kläder, hållning & stillasittande samt hud-vård

Lymfsystemet är känsligt för tryck, rörelse och cirkulation. Det behöver utrymme. Och i dagens samhälle, där vi sitter mycket, bär åtsittande kläder och ofta "sjunker ihop" i kroppen, jobbar i miljöer med uttorkande ventilation, kan flödet lätt bli hämmat. Men det fina är: när vi börjar lägga märke till dessa mönster – kan vi också förändra dem.

Kläder – mode eller flödestjuv?

Tajta jeans, behåar med hårda byglar, åtsittande linningar och kompressionsplagg kan trycka på lymfnoder och kärl, särskilt i känsliga områden som:

- Armhålor
- Bröstkorg
- Midja
- Ljumskar
- Fotleder och fötter

När dessa områden trycks ihop under lång tid kan det påverka flödet negativt och särskilt om du redan har svullnad, hormonella obalanser eller spänningar. Det betyder inte att du aldrig mer får bära tajta byxor men det är bra att bli medveten om hur du känner dig i dina kläder. Känner du dig lätt och fri? Eller spänd och begränsad? Och om kläderna lämnar märken efter sig sitter de troligtvis så hårt att de påverkar lymfcirkulationen negativt.

Tips:

- Välj kläder med stretch och rörelseutrymme.
- Variera under dagen – kanske mjukare kläder hemma?
- Använd strumpor med mjuk resår
- Ha skor som ger utrymme för hela fötterna, även stortån. Än så länge är det nästan bara skor som kallas för "barfotaskor" som erbjuder tillräckligt utrymme för fötterna
- Testa att ta av Bh:n en stund varje kväll och se hur kroppen känns.

Hållning & stillasittande

Kanske den största lymfutmanaren i vår moderna livsstil. Att sitta i många timmar i samma position, särskilt med dålig hållning, kan skapa stagnation i både lymfa, blod och andningsmekanismen.

Vanliga effekter av stillasittande:

- Svullna ben eller fötter
- Spänningar i höfter, rygg och nacke
- Trötthet och sänkt energi
- Trögt flöde i magen och bäckenområdet

Det handlar inte bara om kontorsjobb utan även långresor, serietittande eller scrollande i soffan, sängliggande vid sjukdom.

Hur din hållning påverkar lymfan

När vi "sjunker ihop" i bröstkorgen, drar upp axlarna och hänger med nacken trycker vi ihop viktiga områden där lymfnoder sitter. Det blir svårare för både lymfcirkulationen och andningen att flöda. Men det betyder inte att du ska gå runt med militärhållning hela dagen. Det handlar snarare om avspänd upprätthet där kroppen får utrymme utan att vara spänd.

Små justeringar med stor effekt:

- Res dig upp varje halvtimme – bara några steg räcker
- Rulla axlarna bakåt och sträck upp armarna då och då. "Öppna upp"!
- Byt sittställning ofta – även i soffan!
- Sitt på en pilatesboll ibland – engagerar kroppen mjukt
- Stå upp och jobba en stund om du har möjlighet
- Stå och gå med fötterna rakt fram för att undvika obalanser och anspänning

Rörelsepauser = flödespauser

Det behöver inte vara komplicerat. Ställ dig upp, gunga på fötterna, sträck på dig, Stretcha armarna ovanför huvudet, ta tre djupa andetag. Det kan ta 30 sekunder, men det gör skillnad! Om du gör det regelbundet, börjar kroppen ofta svara med:

- Lättare känsla i benen
- Mer energi i huvudet
- Mindre stelhet i rygg och nacke
- Känsla av "plats" inuti

Hudvård – din yttre barriär för inre flöde

Vi tänker ofta på huden som något vi smörjer in för att den ska se fin ut men huden är också en aktiv del av lymfsystemets miljö. Den skyddar, reglerar och kommunicerar med det som händer inuti. Om huden är torr, irriterad eller skadad, kan det bli svårare för lymfcirkulationen att röra sig fritt. En stor del av lymfsystemet ligger precis under hudytan vilket gör att mjuk, följsam hud underlättar både flödet och effekten av egenmassage. Hudvård är därför inte bara en skön ritual, utan också en funktionell handling för hälsa och cirkulation.

Tips:
• Smörj in huden dagligen med en mjukgörande och ekologisk kräm eller olja, gärna med pH runt 5,5
• Välj oparfymerade produkter om du har känslig hud
• Torrborsta huden försiktigt före dusch. Det stimulerar både cirkulationen och lymfflödet
• Undvik starka tvålar som torkar ut huden. Tänk "milt och snällt"

12.

Trender & myter i hälsovärlden

Hälsa har blivit en hel industri. Det kommer nya råd, regler och rön. Men sann hälsa är inte något som säljs det är något som byggs inifrån. Lymfsystemet har, på senare år, fått en plats i rampljuset. Det pratas mer om flöde, cirkulation, svullnad och självläkning vilket är både fint och superviktigt. Men med intresset kommer också förenklingar, generaliseringar och ibland rena feltolkningar. Därför är det bra att ha en inre kompass när man lyssnar på hälsoråd särskilt på nätet eller i sociala medier.

Känns det för bra för att vara sant?

Ett första tecken på att ett påstående bör granskas lite extra är när det låter för enkelt eller för dramatiskt:

- "Den här grejen räddar ditt lymfsystem på tre dagar!"
- "Gör detta varje morgon och du slipper alla sjukdomar!"
- "Undvik X till varje pris!"

Kroppen fungerar inte så. Den är komplex, nyanserad och anpassningsbar. Och framför allt: den är klokare än många råd på internet.

Att navigera i hälsovärlden med lugn

Vi behöver inte hänga med i varje trend. Det vi behöver är grundläggande förståelse för hur kroppen fungerar, och en känsla för vad som får just den egna att må bra.

Några enkla hållpunkter:

- Kroppen är inte bräcklig. Den behöver inte speci-allösningar – den rätt förutsättningar

- Mer är inte alltid bättre. Många små, enkla vanor är ofta mer kraftfulla än stora, tillfälliga föränd-ringar.

- Allt passar inte alla. Det som funkar för en annan person behöver inte funka för dig. Och det är helt okej.

Vad betyder det för dig som vill stötta lymfan?

Att stötta lymfflödet innebär en riktning i livet, där du:

- Rör dig mer mjukt
- Lyssnar på kroppen oftare
- Släpper på spänningar lite i taget
- Vågar vila när du behöver
- Ger kroppen näring och vatten utan stress
- Ger dig själv valfri egenvård med vänlighet och medvetenhet

Det räcker långt. Att ta hand om sitt lymfsystem handlar om balans, tillit och återkoppling till sin egen känsla. Sann hälsa är inte ett mål vi måste jaga. Det är något vi får när vi stannar upp, lyssnar och tillåter kroppen att göra det den är byggd för. Den kan både prestera mentalt och fysiskt samt läka och bygga upp om den ges utrymme till rörelse och återhämtning i bra balans.

Nästa kapitel handlar om just det. Hur vi i vardagen kan skapa rytmer och vanor som stöttar lymfsystemet utan att det känns som ännu en punkt på att göra-listan.

13.

Lymfsmart vardag – steg för steg

Vad händer när vi gör det lilla varje dag? När vi inte pressar oss till förändring, utan snarare flyttar kroppen närmare sitt naturliga tillstånd? Då börjar lymfsystemet vakna till liv. Faktum är att de flesta kroppar svarar bättre på små, konsekventa förändringar än på stora, tillfälliga insatser.

Det viktigaste först – rytm
Tänk:

- Små stunder av rörelse varje timme
- Vätskepåfyllning över dagen
- Andningspauser
- En varm hand på bröstkorgen ibland
- Sömn som inte offras för skärmar eller måsten

Det behöver inte ta mycket tid, det behöver bara finnas plats för något som börjar likna ett flöde av cirkulationsfrämjande åtgärder under dagen.

Välj 1–2 vanor att börja med
Gör inte allt! Faktiskt är det ofta bättre att välja en enda sak och låta den få fäste. När kroppen märker skillnad, kommer den att vilja göra mer för att det, helt enkelt, känns bra.

Här nedan är några små vanor att välja mellan. Listan och hur en lymfsmart dag kan se ut ligger också sist i boken för

73

att göra det möjligt att riva ut sidorna och sätta upp dem på kylskåpet.

- Djupandning genom hela bröstkorgen och magen (10 andetag) 2 gånger per dag
- Rulla axlarna eller sträcka upp armarna ovanför huvudet några sekunder varje timme
- Dricka vatten i små klunkar
- Gå en kvällspromenad
- Klappa försiktigt över bröstkorgen eller nyckelbenen
- Vila 5 minuter med handen på magen

Så här kan en lymfsmart dag se ut (exempel)

Morgon:

- Drick ett glas vatten direkt när du vaknar
- Ta några djupa andetag genom näsan och gör några tåhävningar medan du borstar tänderna
- Rör kroppen mjukt i 3–5 minuter (sträck, gunga, skaka loss)

Dagtid:

- Stå upp och rulla axlarna varje timme
- Ta korta promenader – även inomhus
- Ät i lugn och ro så ofta du kan
- Känn efter – sitter kläderna bekvämt?

Kväll:

- Sänk tempot i god tid före läggdags
- Gör 1–2 minuter egenvård/ lymfmassage
- Lägg dig i tid så att kroppen får sin återhämtnings-tid

Och däremellan:

- Le ibland, även utan anledning – det mjukar upp både ansikte och flöde
- Låt kroppen känna vad den känner – utan att döma
- Påminn dig: "Jag hjälper flödet bara genom att vara närvarande i min kropp"

Lymfflöde är inte en prestation – det är en känsla
När flödet kommer tillbaka, märks det ofta så här:

- Du känner dig lättare, klarare
- Minskad svullnad
- Du andas djupare utan att tänka på det
- Du återhämtar dig snabbare
- Din kropp känns mer "med dig" än "mot dig"

14.

Din lymfrevolution börjar nu

Nu vet du förhoppningsvis lite mer om ett av kroppens mest underskattade system. Men ännu viktigare: du har kanske börjat lyssna, känna och förstå din kropp på ett nytt sätt. Och det är där den verkliga förändringen sker, inte i fakta, utan i kontakt. Lymfsystemet är inte något vi fixar utan något vi bygger en relation till. Det är ett flöde som påverkas av allt vi gör, tänker, känner och andas. Det är vår inre rytm, vår städfirma, vårt lugna kraftfält.

Ditt nästa steg?
Kanske börjar du med några djupa andetag varje morgon. Kanske rullar du axlarna lite oftare. Kanske klappar du dig lätt över hjärtat när du är trött. Kanske gör du... ingenting – mer än att låta den här boken få sjunka in. Det räcker. För något har redan börjat röra sig inom dig.

Tack för att du läst den här boken.
Tack för att du har modet att vara nyfiken på din kropp.
Tack för att du är här.
Din resa har bara börjat.

Del IV:

Avslut

15.

Röster från verkligheten

Anna, 42 – "Jag kände mig som en ballong i kroppen"
Efter två graviditeter hade Anna svullna ben, ömma vader och en konstant känsla av tyngd i kroppen. Hon beskrev det som att hon "bar runt på vatten" som inte ville lämna kroppen. Trots träning, bra mat och kompressionsstrumpor släppte det inte.

När hon började jobba så smått med sitt lymfsystem och med torrborstning och egenmassage med pumpningar och fösningar, märkte hon skillnad redan efter några veckor. Benen kändes lättare på morgonen. Trycket i vaderna minskade allt efter som.

"Det var som att kroppen andades ut. Jag fattade inte att jag kunde påverka det här själv, med så enkla saker."

Jonas, 56 – "Värken i axeln var inte bara muskulär"
Jonas hade haft en molande, återkommande värk i ena axeln i över ett år. Magnetröntgen visade ingen skada eller förslitning. Sjukgymnastik hjälpte lite, men inte helt. Han beskrev att det kändes som att något satt fast, särskilt efter stillasittande dagar vid datorn.

När han började jobba med andning, bindvävsmassage och lymfyoga började värken lätta. Han blev medveten om att han höll andan mycket, särskilt när han var stressad, och att det påverkade hela bröstkorgen och axeln.

"Jag trodde jag hade en trasig axel. Men det var dålig cirkulation, och det var när jag slutade spänna mig hela tiden som den kunde komma i gång igen."

Elin, 29 – "Min kropp kändes alltid trött, fast jag vilade"
Elin hade länge kämpat med trötthet och en känsla av stagnation. Hon beskrev att kroppen kändes tung, särskilt runt magen och höfterna. Inga prover visade något avvikande, men hon kände att något inte stämde.

När hon började läsa om lymfsystemet kände hon igen sig. Hon började med yinyoga och infraröd bastu och började förstå sambandet mellan stress, känslor och stagnation i kroppen.

"Det var som att något vaknade. Jag trodde jag behövde vila mer, men egentligen behövde jag röra på mig och värma och sträcka ut kroppen för tröttheten berodde på stopp i systemet."

Efterord och tack

Att skriva den här boken har varit en hjärtesak. Jag ville skapa en lättillgänglig och inspirerande introduktion för den som är nyfiken men inte vet var man ska börja. Min förhoppning är att boken har väckt din nyfikenhet och gett dig en första känsla för hur viktigt och fascinerande lymfsystemet faktiskt är. Jag vill uppmuntra dig att fortsätta utforska. Känn efter, läs vidare, prova dig fram. Våra kroppar bär på alla funktioner vi behöver.

Tack till min familj, mina vänner och mina underbara klienter och yogisar, ja alla ni som i tid och otid får agera försökskaniner för mina senaste upptäckter, teorier och idéer. Oavsett om det gäller stretchövningar, andningstekniker eller spontana mini-föreläsningar om lymfsystemet, så tar ni emot det med nyfikenhet och öppna sinnen. Ni inspirerar mig varje dag! Den här boken är lika mycket er som min.

Tack till alla er som valt att läsa boken, till alla som hejar på, lyssnar, ifrågasätter och alltid finns där – i vardag och i visioner. Tack för att ni finns och att ni följt med mig på den här resan. Och kanske ses vi igen, i nästa bok.

"när jag ser mig i dig och du ser dig i mig, då är vi inte två utan ett" - tanken om icke-dualitet, "advaita", och enhet mellan jaget och det andra inom hinduism och buddhism

Med värme,
Pamela

Bilaga till kylskåpsdörren

<u>Välj 1–2 vanor att börja med</u>

- Djupandning genom hela bröstkorgen och magen (10 andetag) 2 gånger per dag
- Rulla axlarna eller sträcka upp armarna ovanför huvudet några sekunder varje timme
- Dricka vatten i små klunkar
- Gå en kvällspromenad
- Klappa försiktigt över bröstkorgen eller nyckel-benen
- Vila 5 minuter med handen på magen

<u>Så här kan en lymfsmart dag se ut</u>

Morgon:
- Drick ett glas vatten direkt när du vaknar
- Ta några djupa andetag genom näsan och gör några tåhävningar medan du borstar tänderna
- Rör kroppen mjukt i 3–5 minuter (sträck, gunga, skaka)

Dagtid:
- Stå upp och rulla axlarna varje timme
- Ta korta promenader – även inomhus
- Ät i lugn och ro så ofta du kan
- Känn efter – sitter kläderna bekvämt?

Kväll:
- Sänk tempot i god tid före läggdags
- Gör 1–2 minuter egenvård/ lymfmassage
- Lägg dig i tid så att kroppen får sin återhämtningstid

Le ibland, även utan anledning – det mjukar upp både ansikte och flöde. Låt kroppen känna vad den känner – utan att döma